No Limites tus Ventas

Amelia Page

Amelia Page

Amelia Page

Datos legales y legales
Copyright holder: © Sebastian M.G
Autor: © Amelia Page
Año: 2024

Este libro, incluyendo su contenido y diseño, está protegido por las leyes de derechos de autor ©. Ninguna parte de esta obra puede ser reproducida, distribuida, o transmitida en cualquier forma o por cualquier medio, sin el permiso previo y por escrito del autor, salvo en los casos previstos por la ley.

Primera Edicion
Todos los Derechos Están Reservados

Amelia Page

Indice

La Resistencia al Cambio	7
Una Nueva Era para las Ventas	15
Mitos y Realidades sobre la Modernización de Ventas	24
Barrera Psicológica	32
La Importancia de la Capacitación Continua	41
Integración de Tecnología en Ventas	50
El Poder del CRM (Customer Relationship Management)	60
Llegando al Cliente Donde Esté	67
El Rol de las Redes Sociales en las Ventas Modernas	75
Eficiencia y Productividad	83
Tomando Decisiones Informadas	90
Marketing Digital	97
Adaptabilidad y Flexibilidad en el Proceso de Ventas	103
Innovación en la Estrategia de Ventas	109
Empresas que No se Modernizaron	115
Empresas que Abrazaron el Cambio	121
Tendencias y Predicciones	127
Moderniza Tus Ventas Hoy	134

Amelia Page

Amelia Page

La Resistencia al Cambio

La resistencia al cambio es un fenómeno común en la vida de los negocios. A menudo, los empresarios se aferran a lo que conocen y les ha funcionado en el pasado, sin importar cuán obsoletos puedan ser esos métodos en el contexto actual. Este capítulo explora por qué sucede esto y cómo afecta negativamente a las empresas que buscan mantenerse competitivas en un mercado en constante evolución.

Para entender la resistencia al cambio, primero debemos reconocer el miedo inherente a lo desconocido. Este miedo es una reacción natural del ser humano ante cualquier tipo de incertidumbre. En el mundo empresarial, este miedo se traduce en una reticencia a adoptar nuevas tecnologías, procesos o estrategias que podrían parecer complicados o riesgosos. Los empresarios, especialmente aquellos que han tenido éxito con métodos tradicionales, a menudo se preguntan: "¿Por qué cambiar algo que ya funciona?". Sin embargo, lo que muchos no consideran es que lo que funciona hoy podría no funcionar mañana.

Un factor clave en la resistencia al cambio es el confort con lo familiar. Las personas, incluidos los empresarios, tienden a sentirse más seguras y confiadas cuando operan dentro de los límites de lo conocido. Implementar nuevas herramientas o estrategias de ventas requiere aprender nuevas habilidades, lo cual puede parecer una tarea desalentadora y, a veces, innecesaria. Esta percepción se ve agravada por la idea errónea de que modernizarse implica desechar completamente los métodos tradicionales en lugar de integrarlos con nuevas técnicas.

La falta de conocimiento y comprensión sobre las nuevas tecnologías también alimenta la resistencia. Muchos empresarios simplemente no están al tanto de las ventajas que las nuevas herramientas y métodos pueden ofrecer. En muchos casos, la tecnología se percibe como un dominio exclusivo de las grandes corporaciones, inaccesible para las pequeñas y medianas empresas. Este malentendido puede llevar a una parálisis, donde las empresas prefieren no cambiar nada antes que arriesgarse a invertir tiempo y recursos en algo que no comprenden completamente.

Otro aspecto crucial es el miedo al fracaso. La idea de implementar un nuevo sistema de ventas y que este no funcione puede ser aterradora. El temor de que los cambios puedan llevar a una disminución de las ventas o incluso a la pérdida de clientes puede ser paralizante. Sin embargo, lo que muchas empresas no reconocen es que no adaptarse y modernizarse puede ser igualmente, si no más, riesgoso. La inacción puede llevar a la obsolescencia, permitiendo que competidores más ágiles y adaptables se lleven una mayor cuota de mercado.

La resistencia al cambio también puede estar profundamente arraigada en la cultura organizacional. Las empresas con estructuras jerárquicas rígidas y una mentalidad conservadora a menudo encuentran más difícil implementar cambios significativos. En estas organizaciones, las decisiones se toman en la cima y la información fluye de arriba hacia abajo, lo que puede crear un entorno donde las nuevas ideas son rechazadas antes de ser plenamente consideradas. Fomentar una cultura de innovación y apertura al cambio requiere un liderazgo que esté dispuesto a desafiar el status quo y promover el pensamiento crítico y creativo en todos los niveles de la organización.

Superar la resistencia al cambio no es tarea fácil, pero es esencial para el crecimiento y la supervivencia de cualquier empresa. Los líderes empresariales deben ser proactivos en educar a sus equipos sobre los beneficios de la modernización y en demostrar cómo las nuevas herramientas y métodos pueden integrarse de manera efectiva con los procesos existentes. Esto no solo aliviará el miedo a lo desconocido, sino que también fomentará una cultura de aprendizaje continuo y adaptación.

La capacitación y el desarrollo profesional son herramientas cruciales en este proceso. Al invertir en la formación de sus empleados, las empresas no solo mejoran sus habilidades, sino que también reducen la ansiedad relacionada con la implementación de nuevas tecnologías. Programas de formación bien diseñados pueden mostrar a los equipos de ventas cómo utilizar herramientas modernas para mejorar su productividad y alcanzar sus objetivos de manera más eficiente.

En última instancia, la resistencia al cambio es un obstáculo que puede y debe ser superado. Los empresarios que reconocen la importancia de adaptarse a las nuevas realidades del mercado y que están dispuestos a invertir en la modernización de sus sistemas de ventas estarán mejor posicionados para prosperar en un entorno empresarial dinámico y competitivo. Adaptarse no significa abandonar lo que ha funcionado en el pasado, sino integrar nuevas tecnologías y estrategias que permitan a la empresa seguir creciendo y evolucionando. Al final del día, la capacidad de cambiar y adaptarse es lo que distingue a las empresas exitosas de aquellas que quedan atrás.

Una Nueva Era para las Ventas

Vivimos en una era de cambios rápidos y constantes, especialmente en el mundo de las ventas. Lo que funcionaba hace diez años ya no es suficiente para mantenerse competitivo hoy en día. La llegada de la tecnología digital ha transformado la forma en que las empresas venden sus productos y servicios, creando una nueva era para las ventas. Este capítulo explora cómo ha evolucionado el panorama de las ventas y por qué es crucial adaptarse a estas nuevas realidades.

Antes, vender era principalmente una cuestión de contacto cara a cara, llamadas telefónicas y reuniones en persona. Los vendedores se basaban en sus habilidades de persuasión y en su capacidad para establecer relaciones personales con los clientes. Aunque estas habilidades siguen siendo valiosas, hoy en día se complementan con una serie de herramientas digitales que hacen el proceso de ventas más eficiente y efectivo.

El primer gran cambio en esta nueva era es el acceso a la información. Los clientes ahora tienen más información a su disposición que nunca antes. Pueden investigar productos y servicios en línea, leer reseñas, comparar precios y tomar decisiones informadas antes de siquiera hablar con un vendedor. Esto significa que los vendedores deben estar igualmente informados y preparados. No basta con conocer bien el producto; también deben entender las necesidades y preocupaciones de sus clientes y cómo se posiciona su oferta en el mercado.

Las redes sociales juegan un papel fundamental en esta transformación. Plataformas como Facebook, Instagram, LinkedIn y Twitter no solo sirven para mantenernos conectados con amigos y familiares, sino que también son herramientas poderosas para las ventas. A través de las redes sociales, las empresas pueden llegar a una audiencia más amplia, interactuar directamente con los clientes y construir una comunidad en torno a su marca. Los vendedores pueden usar estas plataformas para identificar prospectos, generar leads y mantener una comunicación constante con los clientes.

Otro aspecto crucial de la nueva era de las ventas es la automatización. Las herramientas de automatización de ventas pueden encargarse de tareas repetitivas y que consumen tiempo, como el seguimiento de correos electrónicos, la programación de citas y la gestión de leads. Esto permite a los vendedores centrarse en lo que mejor saben hacer: vender. Al automatizar estas tareas, las empresas pueden mejorar la eficiencia y la productividad de sus equipos de ventas, lo que se traduce en mejores resultados y mayores ingresos.

El análisis de datos es otra pieza clave del rompecabezas. Con las herramientas de análisis de datos, las empresas pueden obtener información valiosa sobre el comportamiento y las preferencias de los clientes. Esto permite a los vendedores personalizar sus enfoques y ofrecer soluciones más ajustadas a las necesidades específicas de cada cliente. El uso de datos también ayuda a identificar tendencias y patrones que pueden informar la estrategia de ventas y marketing de una empresa.

La venta omnicanal es otro concepto fundamental en esta nueva era. Los clientes de hoy esperan una experiencia de compra coherente y fluida, sin importar el canal que utilicen. Esto significa que las empresas deben estar presentes y ser accesibles en múltiples plataformas: en la tienda física, en línea, a través de aplicaciones móviles y en las redes sociales. La integración de estos canales permite a los vendedores ofrecer una experiencia de cliente más rica y satisfactoria, aumentando así las posibilidades de conversión y fidelización.

Además, la colaboración entre departamentos es más importante que nunca. En el pasado, los equipos de ventas y marketing a menudo trabajaban de manera aislada, cada uno con sus propios objetivos y estrategias. Hoy en día, la colaboración entre estos equipos es esencial para el éxito. El marketing digital y las ventas deben estar alineados para generar leads de calidad, nutrirlos adecuadamente y convertirlos en clientes. Esta colaboración también facilita una comunicación más efectiva y una mejor comprensión de las necesidades del cliente.

El comercio electrónico es otro pilar de esta nueva era de las ventas. Las tiendas en línea han revolucionado la forma en que compramos y vendemos productos. Los vendedores ya no están limitados por la geografía; pueden llegar a clientes en cualquier parte del mundo con solo unos clics. Las plataformas de comercio electrónico también ofrecen herramientas integradas para la gestión de inventarios, pagos y envíos, lo que simplifica enormemente el proceso de ventas.

Finalmente, no podemos ignorar el impacto de la inteligencia artificial (IA) y el aprendizaje automático en las ventas. Estas tecnologías están revolucionando la manera en que las empresas interactúan con los clientes. Los chatbots, por ejemplo, pueden responder preguntas comunes y asistir a los clientes las 24 horas del día, los 7 días de la semana. Las herramientas de IA pueden analizar grandes volúmenes de datos para predecir tendencias y recomendar acciones específicas a los vendedores. Esto no solo mejora la eficiencia, sino que también ayuda a personalizar la experiencia del cliente de manera más efectiva.

En resumen, la nueva era de las ventas está definida por la tecnología y la innovación. Los vendedores que se adapten a estos cambios y aprovechen las nuevas herramientas y técnicas estarán mejor posicionados para tener éxito. No se trata de abandonar las estrategias tradicionales, sino de complementarlas y potenciarlas con las posibilidades que ofrece la tecnología moderna. La clave está en mantenerse flexible, aprender continuamente y estar dispuesto a experimentar y evolucionar. Solo así podremos aprovechar al máximo las oportunidades que nos ofrece esta emocionante nueva era para las ventas.

Amelia Page

Mitos y Realidades sobre la Modernización de Ventas

La modernización de ventas es un tema que genera muchas opiniones y, con ellas, una serie de mitos que pueden desalentar a los empresarios a dar el paso hacia nuevas formas de vender. En este capítulo, vamos a desmentir algunos de estos mitos y a explorar las realidades que demuestran por qué es crucial modernizarse para mantenerse competitivo en el mercado actual.

Uno de los mitos más comunes es que la modernización de ventas es demasiado costosa. Muchos empresarios creen que invertir en nuevas tecnologías y herramientas de ventas significa gastar una fortuna que podría poner en peligro la estabilidad financiera de la empresa. La realidad es que, aunque hay costos asociados con la implementación de nuevas tecnologías, estos a menudo se ven compensados por los beneficios que aportan. La automatización, por ejemplo, puede ahorrar tiempo y reducir errores, lo que se traduce en un aumento de la eficiencia y, en última instancia, de los ingresos. Además, muchas herramientas tecnológicas están disponibles en modelos de suscripción asequibles, lo que permite a las empresas pagarlas de manera escalonada.

Otro mito es que solo las grandes empresas pueden beneficiarse de la modernización de ventas. Este pensamiento surge de la idea de que las pequeñas y medianas empresas (PYMEs) no tienen los recursos ni la infraestructura para implementar nuevas tecnologías. Sin embargo, la realidad es que las PYMEs pueden beneficiarse enormemente de la modernización. Las herramientas digitales y las plataformas de ventas en línea están diseñadas para ser escalables y accesibles para empresas de todos los tamaños. De hecho, la modernización puede nivelar el campo de juego, permitiendo a las PYMEs competir con empresas más grandes al ofrecer un servicio más eficiente y personalizado.

El miedo a que la tecnología reemplace el toque humano es otro mito persistente. Muchos vendedores temen que el uso de herramientas digitales haga que las interacciones con los clientes sean impersonales y frías. Sin embargo, la realidad es que la tecnología está destinada a complementar, no a reemplazar, el toque humano. Las herramientas de automatización pueden encargarse de tareas repetitivas y administrativas, permitiendo a los vendedores centrarse en construir relaciones más fuertes y significativas con los clientes. Además, la tecnología puede proporcionar datos valiosos sobre las preferencias y comportamientos de los clientes, lo que permite a los vendedores ofrecer un servicio más personalizado y efectivo.

Un mito relacionado es que la modernización de ventas requiere habilidades técnicas avanzadas que el equipo de ventas podría no poseer. La realidad es que muchas herramientas modernas están diseñadas para ser intuitivas y fáciles de usar. Los proveedores de tecnología a menudo ofrecen capacitación y soporte para asegurar una transición suave. Además, invertir en la formación continua del equipo de ventas no solo facilita la adopción de nuevas tecnologías, sino que también mejora las habilidades generales del equipo, haciéndolo más adaptable y eficiente.

Existe también el mito de que los clientes no quieren interactuar con tecnología, prefiriendo siempre el contacto humano. Si bien es cierto que algunos clientes valoran la interacción personal, la realidad es que muchos otros aprecian la conveniencia y rapidez que la tecnología puede ofrecer. Las encuestas muestran que un número creciente de consumidores prefieren resolver problemas y realizar compras en línea sin tener que pasar por largos procesos de interacción humana. La clave es ofrecer opciones y ser flexible para atender a las diferentes preferencias de los clientes.

Otro mito es que la modernización de ventas es una moda pasajera. Algunos empresarios creen que las nuevas tecnologías y métodos de ventas son solo una tendencia temporal y que eventualmente todo volverá a la normalidad. La realidad, sin embargo, es que la tecnología ha transformado permanentemente el panorama de ventas. Las empresas que no se adapten a estos cambios corren el riesgo de quedarse atrás, mientras que aquellas que adopten nuevas tecnologías estarán mejor posicionadas para aprovechar las oportunidades del mercado en el futuro.

Finalmente, un mito común es que la modernización de ventas es un proceso rápido y sencillo. La realidad es que modernizar un sistema de ventas requiere tiempo, planificación y esfuerzo. Es un proceso continuo que implica evaluar las necesidades de la empresa, seleccionar las herramientas adecuadas, capacitar al equipo y ajustar estrategias basadas en resultados y retroalimentación. Sin embargo, el esfuerzo vale la pena, ya que una vez que se implementa correctamente, la modernización puede llevar a una mayor eficiencia, mejores relaciones con los clientes y un aumento en las ventas.

Desmentir estos mitos es fundamental para que los empresarios comprendan la importancia de modernizar sus sistemas de ventas. La modernización no es una tarea fácil ni libre de desafíos, pero es una inversión crucial para el crecimiento y la competitividad de cualquier empresa. Al enfrentar la realidad y adoptar una actitud proactiva hacia la tecnología y la innovación, los empresarios pueden transformar sus procesos de ventas y prepararse para el éxito en un mercado cada vez más digital y competitivo.

Amelia Page

Barrera Psicológica

La barrera psicológica es uno de los mayores obstáculos que enfrentan los empresarios al intentar modernizar sus sistemas de ventas. Este capítulo aborda cómo el miedo y las creencias limitantes pueden impedir que las empresas adopten nuevas tecnologías y métodos de ventas, y cómo superar estos desafíos para aprovechar las oportunidades del mercado actual.

El miedo al cambio es una reacción natural. Cambiar implica salir de nuestra zona de confort, y esto puede ser incómodo. Para muchos empresarios, especialmente aquellos que han tenido éxito con métodos tradicionales, la idea de cambiar lo que ha funcionado durante años puede parecer innecesaria e incluso peligrosa. El miedo al fracaso, a invertir tiempo y recursos en algo nuevo que podría no dar resultados, puede ser paralizante. Este miedo es una barrera psicológica poderosa que puede impedir la adopción de nuevas tecnologías y métodos.

Una de las creencias limitantes más comunes es la idea de que "si no está roto, no lo arregles". Este pensamiento puede llevar a la complacencia, donde los empresarios se conforman con el statu quo en lugar de buscar formas de mejorar. Sin embargo, en el mundo de las ventas, quedarse quieto equivale a retroceder. El mercado está en constante cambio y evolución, y lo que funciona hoy puede no ser efectivo mañana. Las empresas que no se adaptan y evolucionan corren el riesgo de quedar obsoletas.

El miedo a la tecnología es otra barrera psicológica significativa. Para muchos, la tecnología puede parecer complicada y abrumadora. La idea de aprender a usar nuevas herramientas digitales puede generar ansiedad, especialmente si uno no se considera "bueno con la tecnología". Sin embargo, muchas herramientas modernas están diseñadas para ser intuitivas y fáciles de usar. Con la capacitación adecuada, cualquier persona puede aprender a utilizar estas herramientas de manera efectiva. Superar el miedo a la tecnología es crucial para modernizar las ventas y mantenerse competitivo.

La resistencia al cambio también puede ser alimentada por experiencias pasadas negativas. Si una empresa intentó implementar una nueva tecnología o método en el pasado y no tuvo éxito, esto puede crear una aversión al cambio. Es importante entender que el fracaso es una parte natural del proceso de aprendizaje y que cada intento fallido ofrece valiosas lecciones. En lugar de ver el fracaso como una razón para no cambiar, debemos verlo como una oportunidad para mejorar y crecer.

La falta de visión es otro factor que contribuye a la barrera psicológica. Algunos empresarios pueden no ver el valor de modernizar sus sistemas de ventas porque no comprenden cómo las nuevas tecnologías pueden beneficiar a su negocio. Esto puede deberse a una falta de información o a la incapacidad de imaginar cómo la tecnología puede transformar sus procesos. Para superar esto, es útil investigar y aprender sobre casos de éxito de empresas similares que han adoptado nuevas tecnologías con resultados positivos.

La presión social y cultural también juega un papel en la resistencia al cambio. En algunos entornos empresariales, la innovación puede ser vista con escepticismo o incluso con desaprobación. Los empresarios pueden temer que adoptar nuevas tecnologías los haga parecer inestables o poco confiables. Para contrarrestar esto, es importante fomentar una cultura de innovación dentro de la empresa, donde se valoren y se promuevan las nuevas ideas y enfoques.

Superar la barrera psicológica comienza con un cambio de mentalidad. Los empresarios deben reconocer que el cambio es una parte inevitable y necesaria del crecimiento. Esto implica estar abiertos a nuevas ideas y estar dispuestos a tomar riesgos calculados. La mentalidad de crecimiento, que se centra en el aprendizaje y la mejora continua, es fundamental para superar la resistencia al cambio.

La educación y la capacitación son herramientas clave para superar la barrera psicológica. Al proporcionar a los empleados la formación y el apoyo necesarios, las empresas pueden reducir el miedo y la ansiedad asociados con la adopción de nuevas tecnologías. La capacitación no solo mejora las habilidades técnicas del equipo, sino que también aumenta su confianza y disposición para aceptar el cambio.

Además, es importante celebrar los éxitos y reconocer los logros a lo largo del camino. Cada pequeña victoria en el proceso de modernización debe ser reconocida y celebrada, ya que esto refuerza la idea de que el cambio es positivo y beneficioso. El reconocimiento y la celebración de los logros ayudan a construir una cultura de aceptación del cambio y motivan a todos a seguir adelante.

El apoyo del liderazgo es crucial. Los líderes empresariales deben ser los principales defensores de la modernización, mostrando con su ejemplo que están comprometidos con el cambio y dispuestos a invertir en el futuro de la empresa. La comunicación abierta y transparente sobre los beneficios y desafíos de la modernización puede ayudar a reducir la incertidumbre y a construir un sentido de propósito compartido.

En resumen, la barrera psicológica es un obstáculo significativo, pero no insuperable. Al reconocer y abordar los miedos y creencias limitantes, las empresas pueden abrirse a nuevas oportunidades y prepararse para el éxito en un mercado en constante evolución. La modernización de las ventas no es solo una cuestión de tecnología, sino también de mentalidad y cultura. Con el enfoque adecuado, cualquier empresa puede superar la barrera psicológica y prosperar en la nueva era de las ventas.

La Importancia de la Capacitación Continua

La capacitación continua es esencial para el éxito de cualquier empresa en el mundo moderno. En este capítulo, exploraremos por qué es tan crucial invertir en la formación constante de los empleados, especialmente en el contexto de las ventas. Veremos cómo la capacitación continua no solo mejora las habilidades y conocimientos del equipo de ventas, sino que también aumenta la motivación, la confianza y la adaptabilidad, factores clave para enfrentar los desafíos de un mercado en constante cambio.

En el pasado, muchas empresas veían la capacitación como un evento único. Los nuevos empleados recibían formación al inicio de su carrera y, una vez completada, se esperaba que aplicaran lo aprendido durante años sin necesidad de más formación. Sin embargo, este enfoque ya no es viable en el mundo actual, donde la tecnología y las técnicas de ventas evolucionan rápidamente. La capacitación continua es necesaria para mantenerse al día con estos cambios y asegurarse de que el equipo de ventas esté siempre equipado con las mejores herramientas y estrategias.

Uno de los principales beneficios de la capacitación continua es que mantiene a los empleados actualizados sobre las últimas tendencias y tecnologías. En el mundo de las ventas, esto puede incluir nuevos métodos de prospección, herramientas de automatización, técnicas de análisis de datos y plataformas de comercio electrónico. Estar al tanto de estas innovaciones permite a los vendedores ser más efectivos en su trabajo y ofrecer un mejor servicio a los clientes. Además, los clientes valoran cuando un vendedor está bien informado y puede ofrecer soluciones modernas y eficientes a sus necesidades.

La capacitación continua también ayuda a desarrollar nuevas habilidades y mejorar las existentes. Por ejemplo, un vendedor puede aprender nuevas técnicas de negociación, estrategias de cierre de ventas o métodos para construir relaciones más sólidas con los clientes. Estas habilidades no solo mejoran el rendimiento del vendedor, sino que también pueden tener un impacto positivo en toda la empresa, aumentando las ventas y mejorando la satisfacción del cliente.

Además, la capacitación continua aumenta la motivación y el compromiso de los empleados. Cuando los empleados ven que la empresa invierte en su desarrollo profesional, se sienten valorados y apreciados. Esto puede aumentar su lealtad y motivación para trabajar duro y contribuir al éxito de la empresa. Un equipo de ventas motivado es más probable que sea proactivo, que busque nuevas oportunidades y que supere los desafíos con una actitud positiva.

La confianza es otro beneficio crucial de la capacitación continua. Los vendedores que están bien capacitados y seguros de sus habilidades son más efectivos en sus interacciones con los clientes. La confianza se transmite en cada conversación, lo que puede aumentar la credibilidad y la persuasión del vendedor. Los clientes son más propensos a confiar en un vendedor que parece seguro y competente, lo que puede llevar a un aumento en las ventas y en la satisfacción del cliente.

La adaptabilidad es una habilidad esencial en el entorno empresarial actual, y la capacitación continua juega un papel fundamental en su desarrollo. En un mercado que cambia constantemente, los vendedores deben ser capaces de adaptarse rápidamente a nuevas situaciones, tecnologías y demandas de los clientes. La capacitación continua fomenta una mentalidad de aprendizaje y crecimiento, ayudando a los empleados a ser más flexibles y abiertos al cambio. Esto no solo mejora su rendimiento individual, sino que también fortalece la capacidad de la empresa para adaptarse y prosperar en un entorno competitivo.

La capacitación continua también puede ser una herramienta poderosa para la retención de empleados. En lugar de perder empleados talentosos que buscan oportunidades de desarrollo profesional en otras empresas, la capacitación continua permite a las empresas cultivar y retener a sus mejores talentos. Esto no solo reduce los costos asociados con la rotación de empleados, sino que también asegura que la empresa mantenga un equipo de ventas altamente capacitado y experimentado.

Además, la capacitación continua fomenta una cultura de innovación dentro de la empresa. Cuando los empleados están constantemente aprendiendo y explorando nuevas ideas, es más probable que generen soluciones creativas y efectivas a los desafíos empresariales. Esta cultura de innovación puede dar a la empresa una ventaja competitiva, permitiéndole desarrollar y ofrecer productos y servicios que satisfagan mejor las necesidades de los clientes.

Implementar un programa de capacitación continua no tiene que ser complicado ni costoso. Muchas herramientas y recursos están disponibles para facilitar el aprendizaje continuo. Por ejemplo, hay numerosos cursos en línea, webinars y talleres que pueden ser accesibles para los empleados. Además, la capacitación puede ser interna, utilizando el conocimiento y la experiencia de los miembros del equipo para enseñar y aprender unos de otros.

Es importante que la capacitación continua sea relevante y práctica. Los programas de formación deben estar alineados con los objetivos y necesidades de la empresa, así como con las aspiraciones profesionales de los empleados. Involucrar a los empleados en el diseño y la planificación de su formación puede aumentar su compromiso y asegurar que la capacitación sea útil y aplicable a su trabajo diario.

En conclusión, la capacitación continua es una inversión vital para cualquier empresa que quiera mantenerse competitiva y exitosa en el mundo de las ventas. Al mejorar las habilidades y conocimientos del equipo de ventas, aumentar la motivación y la confianza, y fomentar la adaptabilidad y la innovación, la capacitación continua puede transformar la manera en que la empresa opera y se relaciona con sus clientes. Es una herramienta poderosa que, cuando se utiliza correctamente, puede llevar a resultados sorprendentes y duraderos.

… Amelia Page

Integración de Tecnología en Ventas

La integración de tecnología en ventas ha revolucionado la forma en que las empresas operan y se relacionan con sus clientes. Este capítulo aborda cómo la tecnología puede transformar los procesos de ventas, mejorar la eficiencia y aumentar las oportunidades de éxito. A través de ejemplos claros y explicaciones sencillas, exploraremos las herramientas y estrategias tecnológicas que pueden llevar a tu equipo de ventas al siguiente nivel.

Para empezar, es importante entender que la tecnología no reemplaza a los vendedores, sino que los empodera. Una de las herramientas más poderosas en el arsenal moderno de ventas es el software de gestión de relaciones con clientes (CRM). Un CRM permite a los vendedores mantener un registro detallado de las interacciones con cada cliente, sus preferencias, compras anteriores y cualquier otra información relevante. Esto no solo facilita un seguimiento más efectivo, sino que también permite personalizar las interacciones futuras, creando una experiencia más satisfactoria para el cliente.

Otra tecnología clave es la automatización de marketing y ventas. La automatización puede encargarse de tareas repetitivas y que consumen mucho tiempo, como el envío de correos electrónicos, la programación de citas y el seguimiento de clientes potenciales. Por ejemplo, un sistema automatizado puede enviar un correo electrónico de bienvenida a un nuevo cliente potencial, seguido de una serie de mensajes personalizados que nutran la relación hasta que el cliente esté listo para realizar una compra. Esto no solo ahorra tiempo, sino que también asegura que ningún cliente potencial se pierda por falta de seguimiento.

Las redes sociales también juegan un papel crucial en la integración de tecnología en ventas. Plataformas como Facebook, Instagram, LinkedIn y Twitter permiten a las empresas llegar a una audiencia más amplia y conectarse con clientes de maneras más informales y personales. A través de las redes sociales, los vendedores pueden compartir contenido relevante, responder preguntas y recibir retroalimentación en tiempo real. Esto no solo aumenta la visibilidad de la marca, sino que también fortalece la relación con los clientes.

La analítica de datos es otra herramienta poderosa que la tecnología ofrece a los vendedores. Las herramientas de análisis pueden procesar grandes volúmenes de datos para identificar patrones y tendencias que no serían evidentes a simple vista. Por ejemplo, el análisis de datos puede revelar qué productos son más populares entre ciertos grupos de clientes o qué momentos del año generan más ventas. Esta información permite a los vendedores tomar decisiones informadas y estratégicas, como ajustar su inventario, diseñar campañas de marketing específicas y optimizar sus esfuerzos de ventas.

El comercio electrónico es otro aspecto fundamental de la integración tecnológica en ventas. Las tiendas en línea permiten a las empresas vender productos a clientes de todo el mundo, las 24 horas del día, los 7 días de la semana. Además, las plataformas de comercio electrónico suelen incluir herramientas integradas para la gestión de inventarios, pagos y envíos, lo que simplifica enormemente el proceso de ventas. Al ofrecer una experiencia de compra en línea fluida y eficiente, las empresas pueden atraer a más clientes y aumentar sus ventas.

Los chatbots y la inteligencia artificial (IA) también están transformando la manera en que las empresas interactúan con los clientes. Los chatbots pueden responder preguntas comunes, ayudar a los clientes a navegar por un sitio web y ofrecer recomendaciones de productos, todo en tiempo real y a cualquier hora del día. La IA puede analizar el comportamiento de los clientes y proporcionar sugerencias personalizadas, mejorando la experiencia del usuario y aumentando las posibilidades de conversión. Estas tecnologías no solo mejoran la eficiencia, sino que también permiten ofrecer un servicio más rápido y personalizado.

Las videoconferencias y las reuniones virtuales se han convertido en herramientas indispensables en el mundo de las ventas. Plataformas como Zoom, Microsoft Teams y Google Meet permiten a los vendedores conectarse con clientes de manera remota, ahorrando tiempo y costos de viaje. Las reuniones virtuales no solo facilitan la comunicación, sino que también permiten compartir presentaciones y demostraciones de productos en tiempo real, lo que puede ser muy efectivo para cerrar ventas.

La tecnología móvil también juega un papel importante en la modernización de las ventas. Los dispositivos móviles y las aplicaciones específicas para ventas permiten a los vendedores acceder a información crucial y realizar tareas sobre la marcha. Por ejemplo, un vendedor puede usar una aplicación móvil para revisar el historial de un cliente antes de una reunión, actualizar el estado de una venta o incluso procesar un pago en el lugar. La movilidad y la flexibilidad que ofrecen estas herramientas pueden aumentar significativamente la productividad y la eficiencia del equipo de ventas.

Implementar nuevas tecnologías en ventas puede parecer un desafío, pero los beneficios superan con creces los esfuerzos iniciales. La clave es empezar con una estrategia clara y objetivos específicos. Es importante identificar las áreas donde la tecnología puede tener el mayor impacto y comenzar por ahí. Además, involucrar al equipo de ventas en el proceso de implementación puede ayudar a asegurar una transición suave y a obtener su compromiso y entusiasmo por las nuevas herramientas.

La capacitación continua es esencial para aprovechar al máximo las nuevas tecnologías. Los empleados deben recibir formación adecuada para utilizar las herramientas de manera efectiva y comprender cómo pueden mejorar sus procesos de ventas. La capacitación no solo debe enfocarse en las habilidades técnicas, sino también en cómo aplicar estas tecnologías en situaciones prácticas y reales. La formación continua asegura que el equipo de ventas se mantenga actualizado y aproveche al máximo las oportunidades que ofrece la tecnología.

En conclusión, la integración de tecnología en ventas es una estrategia poderosa para mejorar la eficiencia, aumentar las ventas y ofrecer una experiencia superior al cliente. Desde los CRM y la automatización hasta las redes sociales y la inteligencia artificial, las herramientas tecnológicas están transformando la manera en que las empresas operan y se relacionan con sus clientes. Al adoptar estas tecnologías y proporcionar la capacitación continua necesaria, las empresas pueden mantenerse competitivas en un mercado en constante cambio y prepararse para un futuro exitoso.

Amelia Page

El Poder del CRM (Customer Relationship Management)

El Customer Relationship Management (CRM) es una herramienta fundamental en el arsenal de cualquier equipo de ventas moderno. En este capítulo, exploraremos qué es un CRM, por qué es importante y cómo puede transformar las operaciones de ventas de manera significativa. Con ejemplos prácticos y explicaciones claras, descubriremos cómo un CRM puede mejorar la eficiencia, fortalecer las relaciones con los clientes y aumentar las ventas de manera efectiva.

En primer lugar, ¿qué es un CRM? Un CRM es un sistema diseñado para gestionar las relaciones con los clientes, centralizando toda la información relevante en una sola plataforma accesible. Esto incluye datos como información de contacto, historial de interacciones, preferencias de compra y cualquier detalle que sea importante para entender y atender mejor a cada cliente. Imagina un cuaderno de notas digital que contiene todo lo que necesitas saber sobre tus clientes, pero con capacidades mucho más avanzadas y organizadas.

Uno de los mayores beneficios del CRM es su capacidad para mejorar la organización y la gestión del tiempo. Los vendedores pueden utilizar el CRM para programar recordatorios de seguimiento, establecer tareas y mantener un calendario de actividades. Esto asegura que ninguna oportunidad se pierda y que cada cliente reciba la atención adecuada en el momento oportuno. Además, automatiza tareas administrativas como la entrada de datos y la generación de informes, liberando tiempo para que los vendedores se concentren en actividades más estratégicas y de alto valor.

El CRM también facilita la personalización y la segmentación del mercado. Con la información detallada que proporciona, los vendedores pueden crear perfiles de clientes precisos y desarrollar estrategias personalizadas para satisfacer sus necesidades específicas. Por ejemplo, un CRM puede identificar patrones de compra y comportamiento que ayuden a prever las preferencias futuras del cliente, permitiendo a los vendedores ofrecer recomendaciones y ofertas más relevantes y efectivas.

Además de mejorar la eficiencia y la personalización, un CRM fortalece las relaciones con los clientes. Al tener acceso instantáneo a la historia de cada cliente y recordar detalles importantes, los vendedores pueden construir relaciones más sólidas y significativas. Esto crea una experiencia más personalizada y satisfactoria para el cliente, aumentando la lealtad y reduciendo la posibilidad de pérdida de clientes a la competencia.

Otro aspecto poderoso del CRM es su capacidad para analizar datos y proporcionar insights valiosos. Mediante el seguimiento y la análisis de las interacciones de los clientes, un CRM puede identificar tendencias, patrones de comportamiento y oportunidades de ventas cruzadas o adicionales. Esta información no solo ayuda a prever y gestionar la demanda, sino que también permite a los vendedores tomar decisiones informadas basadas en datos concretos.

La movilidad es otra ventaja clave del CRM moderno. Con la proliferación de dispositivos móviles, muchos CRM ofrecen aplicaciones móviles que permiten a los vendedores acceder a la información del cliente y actualizar los registros desde cualquier lugar. Esto es especialmente útil para vendedores que están en movimiento o que trabajan en el campo, ya que les permite mantenerse conectados y productivos en todo momento.

Implementar un CRM no tiene por qué ser complicado ni costoso. Existen soluciones CRM que se adaptan a las necesidades y presupuestos de diferentes empresas, desde pequeñas startups hasta grandes corporaciones. Al elegir un CRM, es importante considerar la facilidad de uso, la integración con otros sistemas empresariales y el soporte ofrecido por el proveedor. Además, la formación adecuada es crucial para asegurar que todos los miembros del equipo comprendan cómo utilizar el CRM de manera efectiva y aprovechar al máximo sus capacidades.

En resumen, el CRM es mucho más que una herramienta de gestión de contactos. Es una poderosa aliada que puede transformar las operaciones de ventas al mejorar la organización, aumentar la personalización, fortalecer las relaciones con los clientes y proporcionar insights basados en datos. Al adoptar un CRM adecuado y proporcionar la formación necesaria, las empresas pueden optimizar sus procesos de ventas, aumentar la eficiencia del equipo y ofrecer experiencias excepcionales que impulsen el crecimiento y la fidelidad del cliente.

Llegando al Cliente Donde Esté

En el mundo actual de las ventas, llegar al cliente donde esté se ha vuelto fundamental para el éxito de cualquier empresa. En este capítulo, exploraremos cómo las estrategias y tecnologías modernas permiten a las empresas conectarse con sus clientes de manera efectiva, independientemente de dónde se encuentren físicamente. Descubriremos cómo la movilidad, la omnicanalidad y las estrategias de marketing digital juegan un papel crucial en este proceso, transformando la manera en que las empresas interactúan y se relacionan con sus clientes.

La movilidad es una de las claves para llegar al cliente donde esté. Hoy en día, la mayoría de las personas llevan consigo sus dispositivos móviles a todas partes. Esto ha abierto nuevas oportunidades para las empresas, que ahora pueden comunicarse con los clientes en cualquier momento y lugar. A través de aplicaciones móviles, sitios web optimizados para dispositivos móviles y mensajes de texto, las empresas pueden ofrecer información relevante, actualizaciones de productos y promociones directamente a los dispositivos de los clientes, manteniendo así una conexión constante y conveniente.

La omnicanalidad es otro aspecto crucial para alcanzar al cliente donde esté. Significa que las empresas deben estar presentes en múltiples canales de comunicación y ventas, como redes sociales, sitios web, tiendas físicas y plataformas de comercio electrónico. Esto permite a los clientes interactuar con la marca a través del canal que prefieran en cualquier momento dado. Por ejemplo, un cliente puede descubrir un producto en Instagram, investigar más en el sitio web de la empresa y finalmente realizar la compra en una tienda física. La omnicanalidad garantiza una experiencia fluida y coherente en todos los puntos de contacto con el cliente.

El marketing digital ha revolucionado la forma en que las empresas llegan a sus clientes potenciales. A través de estrategias como el SEO (optimización en motores de búsqueda), el marketing de contenidos, la publicidad PPC (pago por clic) y el marketing en redes sociales, las empresas pueden aumentar su visibilidad en línea y atraer tráfico cualificado a su sitio web o tienda en línea. Estas técnicas no solo ayudan a las empresas a llegar a una audiencia más amplia, sino que también permiten una segmentación precisa del mercado y la personalización de mensajes según los intereses y comportamientos de los clientes.

Las redes sociales desempeñan un papel crucial en la estrategia de llegar al cliente donde esté. Plataformas como Facebook, Instagram, Twitter y LinkedIn no solo son canales de comunicación directa con los clientes, sino que también son herramientas poderosas para la construcción de marca y la interacción personalizada. A través de publicaciones regulares, anuncios pagados y mensajes directos, las empresas pueden mantenerse en la mente de sus clientes y fomentar la lealtad a la marca. Además, las redes sociales permiten a las empresas escuchar activamente los comentarios y responder rápidamente a las preocupaciones o preguntas de los clientes, lo que mejora la satisfacción del cliente y fortalece las relaciones.

La inteligencia artificial (IA) y la automatización también están transformando la manera en que las empresas llegan a los clientes. Los chatbots, por ejemplo, pueden proporcionar respuestas instantáneas a preguntas frecuentes y guiar a los clientes a través del proceso de compra en tiempo real. Esto no solo mejora la experiencia del cliente al ofrecer un servicio rápido y conveniente, sino que también libera tiempo para que los empleados se enfoquen en interacciones más complejas y estratégicas. La IA también puede utilizarse para personalizar recomendaciones de productos y enviar mensajes personalizados basados en el comportamiento del cliente, aumentando así las posibilidades de conversión.

La geolocalización es otra herramienta poderosa para llegar al cliente donde esté. A través de tecnologías como GPS y aplicaciones móviles que utilizan la ubicación del cliente, las empresas pueden enviar mensajes y ofertas personalizadas basadas en su ubicación geográfica. Por ejemplo, una tienda minorista puede enviar cupones de descuento a clientes que se encuentren cerca de sus ubicaciones físicas, incentivándolos a visitar la tienda y realizar una compra. Esto no solo aumenta las tasas de conversión, sino que también mejora la relevancia y la personalización de las comunicaciones con el cliente.

En conclusión, llegar al cliente donde esté no se trata solo de estar presente en múltiples canales o utilizar tecnologías avanzadas. Se trata de comprender las preferencias y comportamientos de los clientes y utilizar estrategias inteligentes para conectar de manera significativa y relevante. Al aprovechar la movilidad, la omnicanalidad, el marketing digital, las redes sociales, la inteligencia artificial, la geolocalización y otras herramientas tecnológicas, las empresas pueden construir relaciones sólidas con los clientes, aumentar la lealtad a la marca y mejorar continuamente la experiencia del cliente en todos los puntos de contacto.

Amelia Page

El Rol de las Redes Sociales en las Ventas Modernas

Las redes sociales han transformado radicalmente la forma en que las empresas se conectan con sus clientes y generan ventas. En este capítulo, exploraremos cómo las plataformas como Facebook, Instagram, Twitter y LinkedIn han pasado de ser simples herramientas de comunicación a poderosos motores de ventas. Descubriremos cómo las empresas pueden utilizar estratégicamente las redes sociales para aumentar la visibilidad de la marca, generar leads cualificados y mejorar la satisfacción del cliente de manera efectiva y entretenida.

Una de las principales ventajas de las redes sociales en las ventas modernas es su capacidad para aumentar la visibilidad de la marca. A través de publicaciones regulares, anuncios pagados y colaboraciones con influencers, las empresas pueden llegar a una audiencia global y diversa que de otra manera sería difícil de alcanzar. Las redes sociales permiten a las empresas mostrar su personalidad, valores y productos de una manera visual y atractiva, captando la atención de clientes potenciales y construyendo reconocimiento de marca a largo plazo.

Además de aumentar la visibilidad, las redes sociales facilitan la generación de leads cualificados. Mediante el uso de herramientas de segmentación avanzadas, las empresas pueden dirigirse específicamente a personas que tienen más probabilidades de estar interesadas en sus productos o servicios. Por ejemplo, una empresa de moda puede dirigir sus anuncios a usuarios que han mostrado interés en moda, compras en línea o marcas similares en el pasado. Esto maximiza el retorno de la inversión en publicidad al enfocarse en audiencias altamente relevantes.

Las redes sociales también juegan un papel crucial en la construcción de relaciones y la interacción directa con los clientes. A través de comentarios, mensajes directos y respuestas rápidas a preguntas, las empresas pueden establecer una comunicación bidireccional con su audiencia. Esto no solo mejora la satisfacción del cliente al proporcionar un servicio al cliente ágil y personalizado, sino que también crea una comunidad en línea donde los clientes pueden compartir experiencias, recomendar productos y brindar retroalimentación invaluable.

El marketing de contenido es otra forma poderosa en que las redes sociales pueden impulsar las ventas. Crear y compartir contenido útil, educativo o entretenido no solo posiciona a la empresa como un líder de pensamiento en su industria, sino que también atrae a clientes potenciales de manera orgánica. Por ejemplo, un fabricante de productos de belleza puede compartir tutoriales de maquillaje en video o consejos sobre cuidado de la piel, atrayendo a seguidores interesados en sus productos mientras construye confianza y credibilidad.

La viralidad es otro fenómeno único de las redes sociales que puede beneficiar enormemente a las empresas. Cuando el contenido se comparte y se vuelve viral, puede alcanzar a una audiencia mucho más amplia de lo previsto inicialmente. Esto puede conducir a un aumento repentino en el conocimiento de la marca y las ventas, especialmente si el contenido viral está directamente relacionado con los productos o servicios que ofrece la empresa. Las campañas virales bien ejecutadas pueden generar un impulso significativo en las ventas y posicionar a la empresa frente a nuevos clientes potenciales.

Las redes sociales también son una plataforma efectiva para la investigación de mercado y la retroalimentación del cliente. A través del monitoreo activo de las conversaciones en línea, las empresas pueden obtener información valiosa sobre las tendencias del mercado, las preferencias del consumidor y las percepciones de la marca. Esta información puede informar estrategias de producto, marketing y servicio al cliente, asegurando que las decisiones empresariales estén alineadas con las necesidades y expectativas reales de los clientes.

Por último, las redes sociales son un canal poderoso para la promoción de ventas y la conducción de conversiones directas. Mediante el uso de ofertas exclusivas, concursos, promociones flash y enlaces directos a tiendas en línea, las empresas pueden incentivar a los seguidores a realizar compras inmediatas. Esta capacidad de convertir interacciones sociales en transacciones comerciales directas hace que las redes sociales sean una herramienta invaluable en el arsenal de ventas de cualquier empresa moderna.

En conclusión, las redes sociales han evolucionado de simples plataformas de comunicación a poderosos motores de ventas y relaciones con los clientes. Al aprovechar estratégicamente la visibilidad de la marca, la generación de leads, la interacción directa, el marketing de contenido, la viralidad, la investigación de mercado y la promoción de ventas, las empresas pueden expandir su alcance, aumentar las ventas y construir relaciones duraderas con los clientes. Con un enfoque creativo y centrado en el cliente, las redes sociales pueden ser una fuente constante de crecimiento y éxito en el competitivo mundo empresarial actual.

Eficiencia y Productividad

En el mundo de los negocios, la eficiencia y la productividad son fundamentales para el éxito de cualquier empresa. En este capítulo, exploraremos qué significan estos términos y cómo pueden aplicarse prácticamente en el contexto empresarial. Descubriremos cómo mejorar la eficiencia de los procesos, optimizar el tiempo y los recursos, y aumentar la productividad tanto a nivel individual como organizacional de una manera sencilla y entretenida.

¿Qué es la eficiencia? La eficiencia se refiere a hacer las cosas de la manera correcta, minimizando el desperdicio de tiempo, recursos y esfuerzo. Es lograr los resultados deseados con el menor uso posible de recursos. Por ejemplo, en un proceso de fabricación, la eficiencia podría implicar reducir el tiempo de producción sin comprometer la calidad del producto final.

Optimización de procesos: Mejorar la eficiencia comienza con la optimización de procesos. Esto implica identificar las actividades que agregan valor y aquellas que son innecesarias o pueden ser simplificadas. Automatizar tareas repetitivas, eliminar cuellos de botella y utilizar tecnologías que aceleren los procesos son formas efectivas de optimizar la eficiencia operativa.

Gestión del tiempo: El tiempo es un recurso limitado y valioso en cualquier entorno empresarial. Una gestión eficaz del tiempo implica establecer prioridades claras, planificar actividades y evitar la procrastinación. Técnicas como la matriz de Eisenhower (urgente/importante), la técnica Pomodoro (trabajo por intervalos) y el establecimiento de metas realistas pueden ayudar a los individuos y equipos a utilizar su tiempo de manera más efectiva.

Automatización y tecnología: La tecnología juega un papel crucial en mejorar la eficiencia y la productividad. Herramientas como software de gestión de proyectos, sistemas CRM, plataformas de automatización de marketing y herramientas de colaboración en línea permiten a los equipos trabajar de manera más eficiente, coordinada y sin problemas. Automatizar tareas rutinarias libera tiempo para que los empleados se concentren en actividades que requieren creatividad y toma de decisiones.

Delegación y trabajo en equipo: Delegar tareas adecuadamente y fomentar un ambiente de trabajo colaborativo son elementos clave para aumentar la eficiencia. Distribuir responsabilidades según las fortalezas individuales, establecer metas compartidas y fomentar la comunicación abierta promueve la eficiencia colectiva. Un equipo bien coordinado puede lograr más en menos tiempo y con menos esfuerzo individual.

Formación y desarrollo: Invertir en la formación y el desarrollo de los empleados también contribuye a la eficiencia organizacional. Mejorar las habilidades técnicas y blandas del personal no solo aumenta la capacidad de realizar tareas de manera eficiente, sino que también fomenta un ambiente de trabajo más colaborativo y motivador.

Medición y mejora continua: La mejora continua es fundamental para mantener y aumentar la eficiencia a lo largo del tiempo. Esto implica establecer métricas claras para evaluar el rendimiento, recopilar retroalimentación de los empleados y clientes, y utilizar estos datos para realizar ajustes y mejoras en los procesos. La implementación de un ciclo de retroalimentación constante asegura que la empresa esté siempre buscando formas de optimizar sus operaciones y ofrecer mayores niveles de servicio y calidad.

Cultura organizacional: Finalmente, la eficiencia y la productividad son impulsadas por una cultura organizacional que valora la eficacia, la innovación y el aprendizaje continuo. Crear un ambiente donde se reconozcan y recompensen las contribuciones eficientes, se celebren los logros colectivos y se promueva la iniciativa personal contribuye significativamente a mantener altos niveles de rendimiento y satisfacción laboral.

Er resumen, mejorar la eficiencia y la productividad no se trata solo de trabajar más duro, sino de trabajar de manera más inteligente. Al optimizar procesos, gestionar el tiempo de manera efectiva, utilizar tecnologías avanzadas, fomentar el trabajo en equipo y crear una cultura de mejora continua, las empresas pueden maximizar su rendimiento y competitividad en un mercado dinámico y exigente. Adoptar estos principios no solo beneficia a la organización, sino que también aumenta la satisfacción y el compromiso de los empleados, creando un ciclo positivo de éxito empresarial.

Amelia Page

Tomando Decisiones Informadas

Para tomar decisiones informadas en el ámbito empresarial, es fundamental contar con datos y análisis precisos que respalden cada elección estratégica. Esto significa que no se trata simplemente de seguir corazonadas o intuiciones, sino de basar las decisiones en información concreta y verificable.

Imagina que eres el capitán de un barco en alta mar. Antes de decidir qué ruta tomar, necesitas conocer el estado del clima, las corrientes marinas y la ubicación de posibles obstáculos. De manera similar, en los negocios, tomar decisiones informadas implica recopilar datos relevantes sobre el mercado, las tendencias del consumidor, la competencia y otros factores clave que puedan influir en el éxito o fracaso de una decisión.

La primera clave para tomar decisiones informadas es recopilar datos confiables y relevantes. Esto puede incluir información sobre ventas, análisis de mercado, feedback de clientes, datos financieros, entre otros. Cuanta más información tengamos, mejor podremos entender el contexto en el que operamos y evaluar las opciones disponibles.

Una vez que tenemos los datos en nuestras manos, el siguiente paso es analizarlos de manera crítica y objetiva. Esto implica identificar patrones, tendencias y relaciones entre los datos que puedan ofrecer insights valiosos. Por ejemplo, si estamos considerando lanzar un nuevo producto, analizar las preferencias de los consumidores, el tamaño del mercado y la disposición a pagar nos ayudará a evaluar su viabilidad y potencial de éxito.

Es importante también considerar múltiples perspectivas al tomar decisiones informadas. Esto significa consultar a expertos en diferentes áreas, obtener retroalimentación de partes interesadas clave dentro y fuera de la organización, y estar abierto a diferentes puntos de vista. A veces, una decisión que parece obvia desde una sola perspectiva puede beneficiarse enormemente al considerar otras opiniones y conocimientos especializados.

No se trata solo de datos duros y análisis fríos. También es crucial escuchar la intuición y la experiencia acumulada a lo largo del tiempo. A menudo, los líderes empresariales toman decisiones basadas en un entendimiento profundo del mercado y del comportamiento humano que va más allá de los números. Esta combinación de datos tangibles y sabiduría práctica puede conducir a decisiones más equilibradas y efectivas.

La tecnología juega un papel cada vez más importante en el proceso de toma de decisiones informadas. Herramientas como los sistemas de inteligencia empresarial, los dashboards de datos en tiempo real y los algoritmos de análisis predictivo permiten a las empresas acceder y procesar grandes volúmenes de información de manera rápida y eficiente. Esto no solo acelera el proceso de toma de decisiones, sino que también mejora la precisión y la fiabilidad de las decisiones tomadas.

Una vez que se ha recopilado la información, analizado los datos y considerado diversas perspectivas, es el momento de tomar la decisión. Es crucial actuar con decisión y confianza, sabiendo que se ha realizado un esfuerzo diligente para asegurar que la decisión esté fundamentada en información sólida. Sin embargo, también es importante estar preparado para ajustar y adaptar la estrategia según sea necesario a medida que se obtengan nuevos datos o cambien las circunstancias del mercado.

Finalmente, aprender de las decisiones tomadas es fundamental para el crecimiento continuo y la mejora organizacional. Evaluar los resultados de nuestras decisiones nos ayuda a entender qué funcionó bien, qué podría mejorarse y qué lecciones podemos aplicar en futuras decisiones. Este ciclo de retroalimentación y aprendizaje continuo fortalece la capacidad de la organización para tomar decisiones informadas y estratégicas en el futuro.

En resumen, tomar decisiones informadas en los negocios es un proceso que combina datos sólidos, análisis crítico, perspectivas múltiples, intuición y uso de tecnología avanzada. Es un arte y una ciencia que requiere habilidad, experiencia y un compromiso constante con la mejora. Al dominar este proceso, las empresas pueden aumentar su capacidad para anticipar y responder a los cambios del mercado, minimizar riesgos y maximizar oportunidades, asegurando así un crecimiento sostenido y exitoso a largo plazo.

Amelia Page

Marketing Digital

Llegar a tu audiencia a través del marketing digital es como lanzar una red gigante en el océano de Internet. Es un conjunto de estrategias para promocionar productos o servicios usando plataformas en línea. Desde redes sociales como Facebook e Instagram hasta motores de búsqueda como Google, el marketing digital te permite llegar a clientes potenciales de manera efectiva y directa.

Una de las herramientas más poderosas en el marketing digital es el SEO, o Search Engine Optimization. Esto implica optimizar tu contenido para que aparezca en los primeros resultados de búsqueda cuando alguien busca palabras clave relacionadas con tu negocio. Es como asegurarte de estar en el escaparate de una tienda concurrida: cuanto más visible seas, más probabilidades tendrás de atraer clientes.

Las redes sociales son otro pilar fundamental del marketing digital. Plataformas como Facebook, Instagram, Twitter y LinkedIn no solo te permiten conectar con tu audiencia, sino también construir comunidad alrededor de tu marca. Compartir contenido interesante, interactuar con tus seguidores y responder rápidamente a sus preguntas o comentarios ayuda a fortalecer la relación con los clientes y aumentar el reconocimiento de la marca.

El marketing de contenido es esencial en el mundo digital. Crear contenido valioso y relevante, como artículos de blog, videos tutoriales o infografías, no solo atrae a tu audiencia objetivo, sino que también posiciona tu marca como un líder de pensamiento en tu industria. Es como ofrecer conocimiento gratuito y útil a tus clientes potenciales, ganándote su confianza y lealtad a largo plazo.

Los anuncios pagados también desempeñan un papel crucial en el marketing digital. A través de plataformas como Google Ads y Facebook Ads, puedes mostrar anuncios específicamente diseñados para tu audiencia objetivo. Estos anuncios pueden aparecer en los resultados de búsqueda, en las redes sociales, en sitios web relevantes y más, asegurándote de llegar a las personas adecuadas en el momento adecuado.

La analítica digital es tu brújula en el marketing digital. Te ayuda a entender qué estrategias están funcionando y cuáles necesitan ajustes. Con herramientas como Google Analytics, puedes rastrear el tráfico de tu sitio web, conocer el comportamiento de los usuarios y medir el éxto de tus campañas. Es como tener un mapa detallado de tus esfuerzos de marketing, permitiéndote tomar decisiones informadas para optimizar tus resultados.

La personalización es clave en el marketing digital moderno. Gracias a la recolección de datos y tecnologías avanzadas, puedes personalizar las experiencias de tus clientes basadas en sus intereses y comportamientos pasados. Esto no solo mejora la relevancia de tus mensajes, sino que también aumenta las posibilidades de conversión. Es como ofrecer a cada cliente una experiencia única y adaptada a sus necesidades específicas.

Finalmente, el marketing digital es dinámico y evoluciona constantemente. Estar al tanto de las últimas tendencias, experimentar con nuevas estrategias y adaptarse rápidamente a los cambios en el comportamiento del consumidor y las plataformas en línea es crucial para mantenerse competitivo. Es como surfear en las olas del cambio digital, aprovechando las oportunidades que ofrece mientras navegas hacia el éxito de tu negocio en el vasto océano de Internet.

Amelia Page

Adaptabilidad y Flexibilidad en el Proceso de Ventas

En el apasionante mundo de las ventas, la adaptabilidad y la flexibilidad son como tener un juego de herramientas variado y bien organizado. Te permiten ajustarte a diferentes situaciones, responder a las necesidades cambiantes de los clientes y superar obstáculos de manera efectiva. Imaginemos que eres un explorador en una jungla desconocida: necesitas estar preparado para cambiar de rumbo rápidamente si encuentras un camino bloqueado o una oportunidad inesperada.

La adaptabilidad en el proceso de ventas significa estar abierto a modificar tu enfoque según las circunstancias. Cada cliente es único, con sus propias preocupaciones, deseos y preferencias. Ser adaptable te permite personalizar tu enfoque de ventas para satisfacer las necesidades específicas de cada cliente, en lugar de aplicar un enfoque genérico que podría no resonar con ellos.

La flexibilidad es igualmente crucial. En un mercado dinámico y competitivo, las cosas pueden cambiar rápidamente. Los competidores pueden lanzar nuevos productos, los clientes pueden cambiar sus preferencias o surgir nuevas tendencias en el mercado. Ser flexible te permite ajustar tu estrategia de ventas, cambiar de táctica si algo no está funcionando o aprovechar oportunidades repentinas que podrían surgir.

Imagina que estás jugando al ajedrez. Cada movimiento que haces debe ser estratégico y adaptable a las jugadas de tu oponente. De la misma manera, en las ventas, debes estar preparado para hacer ajustes estratégicos basados en las respuestas y acciones de tus clientes y competidores.

La tecnología juega un papel crucial en mejorar la adaptabilidad y flexibilidad en las ventas. Herramientas como los sistemas CRM (Customer Relationship Management) te permiten rastrear interacciones con clientes, analizar datos y ajustar estrategias en tiempo real. Esto te da la capacidad de responder rápidamente a las necesidades cambiantes de los clientes y mantener relaciones sólidas a lo largo del tiempo.

Ser adaptable y flexible no solo se trata de cambiar de táctica o ajustar tu estrategia de ventas. También implica mantener una mentalidad abierta y dispuesta a aprender y crecer. Esto significa estar dispuesto a probar nuevas técnicas, escuchar el feedback de los clientes y colegas, y estar al tanto de las últimas tendencias y desarrollos en tu industria.

La comunicación efectiva es fundamental para ser adaptable en el proceso de ventas. Escuchar activamente a los clientes, entender sus preocupaciones y responder con soluciones que realmente aborden sus necesidades crea una conexión más profunda y duradera. Esto no solo fortalece la relación con el cliente, sino que también aumenta las posibilidades de cerrar una venta exitosa.

En el mundo actual de ventas, la única constante es el cambio. Ser capaz de adaptarse y ser flexible no solo te ayuda a sobrevivir en este entorno, sino que te posiciona para prosperar. Los vendedores que pueden leer las señales del mercado, ajustar sus estrategias según sea necesario y mantener una actitud positiva y proactiva están mejor equipados para alcanzar el éxito a largo plazo en el competitivo mundo de las ventas.

En resumen, la adaptabilidad y la flexibilidad en el proceso de ventas son habilidades esenciales que permiten a los vendedores responder ágilmente a las necesidades y cambios del mercado. Al estar preparados para ajustar estrategias, escuchar activamente a los clientes, aprovechar la tecnología y mantener una mentalidad abierta, los vendedores pueden no solo cerrar más ventas, sino también construir relaciones duraderas y significativas con sus clientes.

Innovación en la Estrategia de Ventas

Imagínate que estás en un camino que siempre has recorrido de la misma manera, pero de repente descubres un atajo que te lleva directamente a tu destino. Esa es la innovación en la estrategia de ventas: encontrar nuevas formas creativas y efectivas de alcanzar tus objetivos comerciales. Es como descubrir un nuevo camino que no solo es más corto, sino que también te permite explorar nuevas oportunidades y llegar más rápido a tus clientes.

La innovación en ventas comienza con la capacidad de cuestionar el status quo. En lugar de conformarse con métodos tradicionales que pueden volverse obsoletos, los vendedores innovadores están constantemente buscando formas de mejorar y reinventar sus enfoques. Esto puede significar explorar nuevas tecnologías, adoptar nuevas técnicas de comunicación o incluso desarrollar nuevos productos o servicios que resuelvan problemas de manera única.

Un aspecto clave de la innovación en ventas es entender a fondo a tu cliente. Esto va más allá de simplemente conocer sus necesidades actuales; se trata de anticipar sus deseos futuros y adaptar tu oferta para satisfacer esas expectativas antes de que los clientes las expresen. Esto puede requerir investigación de mercado, análisis de datos y una comprensión profunda de las tendencias del mercado y del comportamiento del consumidor.

La creatividad juega un papel fundamental en la innovación en ventas. Ser capaz de pensar fuera de la caja y generar ideas nuevas y originales te permite diferenciarte de la competencia y captar la atención de los clientes de manera efectiva. Esto puede manifestarse en campañas publicitarias innovadoras, promociones creativas o métodos de venta no convencionales que sorprendan y deleiten a tus clientes.

La tecnología es un facilitador poderoso de la innovación en ventas. Herramientas como inteligencia artificial, automatización de procesos, realidad aumentada y análisis predictivo están transformando la forma en que las empresas interactúan con los clientes y conducen las ventas. Utilizar estas tecnologías de manera innovadora puede abrir nuevas oportunidades para personalizar la experiencia del cliente, optimizar la eficiencia operativa y mejorar los resultados comerciales.

La colaboración también es clave en el proceso de innovación en ventas. Trabajar en equipo con colegas de diferentes áreas, como marketing, desarrollo de productos y servicio al cliente, permite aprovechar una gama más amplia de habilidades y perspectivas. Juntos, pueden idear soluciones innovadoras que aborden los desafíos comerciales desde múltiples ángulos y generen resultados impactantes.

La implementación ágil es crucial para convertir las ideas innovadoras en acciones concretas. Esto implica probar nuevas estrategias de ventas en pequeña escala, medir los resultados y ajustar según sea necesario antes de escalar. Adoptar un enfoque de aprendizaje rápido y adaptación continua permite a las empresas experimentar con menos riesgos y maximizar el impacto de sus innovaciones en el mercado.

Por último, la cultura organizacional juega un papel fundamental en fomentar la innovación en ventas. Una cultura que valora la creatividad, la experimentación y el aprendizaje continuo proporciona un ambiente propicio para que los vendedores y equipos de ventas prueben nuevas ideas sin temor al fracaso. Celebrar los éxitos y aprender de los desafíos ayuda a mantener el impulso y la motivación para seguir innovando.

En conclusión, la innovación en la estrategia de ventas no solo es deseable, sino esencial para el éxito a largo plazo en un mercado competitivo y en constante cambio. Al cuestionar el status quo, entender profundamente a los clientes, ser creativos, utilizar tecnología avanzada, colaborar efectivamente, implementar ágilmente y fomentar una cultura de innovación, las empresas pueden diferenciarse, captar la atención de los clientes y conducir el crecimiento sostenible en el futuro.

Empresas que No se Modernizaron

Imagina una empresa que ha estado operando de la misma manera durante décadas. Sus procesos, tecnología y enfoques de ventas apenas han cambiado desde su fundación. Esta falta de adaptación a los nuevos tiempos puede llevar a serios desafíos y dificultades en el competitivo mundo actual. Es como si intentaras navegar en un barco de vela en un océano lleno de navíos de alta tecnología y velocidad.

Las empresas que no se modernizan suelen enfrentar varios problemas. Por ejemplo, pueden perder relevancia en un mercado donde los consumidores demandan productos y servicios actualizados y adaptados a sus necesidades cambiantes. Esto puede resultar en una disminución de las ventas y una pérdida de cuota de mercado frente a competidores más ágiles y modernos.

La tecnología desempeña un papel crucial en la modernización empresarial. Las empresas que no adoptan tecnologías emergentes como el comercio electrónico, los sistemas CRM (Customer Relationship Management) o la automatización de procesos pueden encontrar difícil competir eficazmente. Estas herramientas no solo mejoran la eficiencia operativa, sino que también permiten una mejor gestión de las relaciones con los clientes y una mayor capacidad de respuesta a las demandas del mercado.

La falta de modernización también puede afectar la capacidad de una empresa para retener y atraer talento. Los empleados jóvenes y talentosos suelen estar interesados en trabajar en entornos innovadores y dinámicos que promuevan el crecimiento profesional y la creatividad. Una empresa que se estanca en métodos anticuados puede perder oportunidades de reclutamiento y enfrentar problemas de retención de talento.

Otro desafío que enfrentan las empresas no modernizadas es la dificultad para adaptarse a cambios regulatorios o económicos. Las leyes y regulaciones empresariales pueden cambiar rápidamente, y las empresas que no tienen sistemas flexibles y actualizados pueden enfrentar sanciones o dificultades operativas al tratar de cumplir con nuevas normativas.

La falta de innovación también puede llevar a una pérdida de eficiencia y productividad. Los procesos obsoletos y las tecnologías anticuadas pueden ser menos efectivos y más costosos de mantener en comparación con soluciones modernas y automatizadas. Esto no solo impacta en la rentabilidad de la empresa, sino que también puede afectar la satisfacción del cliente y la reputación de la marca.

Por último, la resistencia al cambio puede ser un obstáculo significativo para la modernización empresarial. Algunos líderes y empleados pueden sentirse cómodos con el status quo y resistirse a adoptar nuevas prácticas o tecnologías. Sin embargo, esta resistencia puede limitar el potencial de crecimiento de la empresa y ponerla en desventaja frente a competidores más ágiles y adaptables.

En resumen, las empresas que no se modernizan corren el riesgo de quedarse rezagadas en un mercado cada vez más competitivo y dinámico. Adoptar nuevas tecnologías, actualizar procesos, fomentar una cultura de innovación y estar abiertos al cambio son fundamentales para mantener la relevancia, mejorar la eficiencia operativa y asegurar el crecimiento sostenible a largo plazo. Aquellas que logran hacer esta transición no solo sobreviven, sino que también prosperan en un entorno empresarial en constante evolución.

Empresas que Abrazaron el Cambio

Imagina empresas que no temen al cambio, sino que lo abrazan como una oportunidad para crecer y evolucionar. Estas empresas son como atletas en un campo de juego, listas para adaptarse y responder ágilmente a los desafíos que el mercado les presenta. En lugar de aferrarse a métodos obsoletos, estas empresas están constantemente buscando nuevas formas de mejorar, innovar y satisfacer las necesidades cambiantes de sus clientes.

Una característica común entre las empresas que abrazan el cambio es su capacidad para identificar y anticipar tendencias emergentes. Estas empresas no esperan a que la competencia o el mercado las obliguen a cambiar; están activamente involucradas en la investigación y el análisis para entender hacia dónde se dirige su industria. Esto les permite estar un paso adelante, preparándose para capitalizar nuevas oportunidades antes de que se conviertan en tendencias dominantes.

La innovación es el corazón de estas empresas. Desde la adopción de tecnologías disruptivas hasta la creación de nuevos productos y servicios, estas empresas están constantemente buscando maneras de mejorar y diferenciarse en el mercado. Algunas de las innovaciones más exitosas han venido de empresas que no tenían miedo de desafiar el status quo y explorar nuevos territorios.

La tecnología desempeña un papel fundamental en la capacidad de estas empresas para abrazar el cambio. La adopción de herramientas avanzadas como inteligencia artificial, análisis de big data y automatización no solo mejora la eficiencia operativa, sino que también impulsa la capacidad de innovación. Estas empresas utilizan la tecnología para optimizar procesos, personalizar experiencias de cliente y estar más conectadas con las necesidades del mercado.

La cultura empresarial también juega un papel crucial en fomentar una mentalidad de cambio y adaptación. Las empresas que valoran la creatividad, la colaboración y la experimentación son más propensas a generar ideas innovadoras y atractivas. Esto puede incluir desde programas de incentivos para empleados hasta espacios de trabajo que fomentan la creatividad y la comunicación abierta.

La capacidad de estas empresas para aprender y ajustarse rápidamente es otra característica clave. En un entorno empresarial dinámico, las condiciones pueden cambiar rápidamente. Las empresas que abrazan el cambio están preparadas para pivotar estrategias, ajustar enfoques y aprovechar nuevas oportunidades cuando surgen. Esto requiere agilidad y una mentalidad proactiva para adaptarse a cualquier desafío que se presente.

Además, estas empresas suelen tener una visión a largo plazo y una mentalidad orientada al cliente. Están comprometidas no solo con el éxito a corto plazo, sino también con la creación de valor sostenible y relaciones duraderas con los clientes. Esto significa escuchar activamente las necesidades del cliente, responder con soluciones innovadoras y mantener altos estándares de calidad y servicio.

Finalmente, las empresas que abrazan el cambio suelen ser líderes en su industria. No temen liderar la transformación y marcar el camino para otros. Esto no solo les permite mantenerse relevantes en un mercado competitivo, sino también influir en la dirección futura de su industria.

En conclusión, las empresas que abrazan el cambio no solo sobreviven, sino que prosperan en un entorno empresarial en constante evolución. Al adoptar una mentalidad de innovación, utilizar la tecnología de manera efectiva, fomentar una cultura empresarial dinámica y orientada al cliente, estas empresas están preparadas para enfrentar cualquier desafío y aprovechar nuevas oportunidades en el camino hacia el éxito continuo.

Tendencias y Predicciones

Imagina mirar a través de una bola de cristal que te muestra el futuro del mundo empresarial. Las tendencias y predicciones son como guías que nos ayudan a entender hacia dónde se dirige el mercado y qué cambios podemos esperar en el horizonte. Estas señales nos permiten prepararnos para lo que viene y ajustar nuestras estrategias para aprovechar nuevas oportunidades.

Una tendencia prominente en el mundo empresarial es el creciente papel de la sostenibilidad. Cada vez más consumidores y empresas están adoptando prácticas comerciales responsables con el medio ambiente. Esto incluye desde la reducción de desechos y la huella de carbono hasta el uso de materiales reciclados y energías renovables. Las empresas que integran la sostenibilidad en sus operaciones no solo satisfacen la demanda del mercado, sino que también mejoran su reputación y atraen a clientes conscientes del medio ambiente.

Otra tendencia importante es la digitalización acelerada. La pandemia de COVID-19 aceleró drásticamente la adopción de tecnologías digitales como el trabajo remoto, el comercio electrónico y la colaboración en línea. Esta tendencia continúa transformando la forma en que operan las empresas, mejorando la eficiencia, la flexibilidad y la capacidad de respuesta ante cambios repentinos en el mercado. La integración de herramientas digitales como inteligencia artificial, análisis de datos y automatización seguirá siendo crucial para la competitividad empresarial.

El cambio hacia una experiencia del cliente más personalizada también está ganando terreno. Los consumidores esperan cada vez más que las empresas comprendan sus necesidades individuales y les ofrezcan productos y servicios adaptados a sus preferencias y comportamientos. Esto impulsa la adopción de tecnologías como CRM (Customer Relationship Management), que ayudan a las empresas a gestionar de manera efectiva las relaciones con los clientes y ofrecer experiencias personalizadas en todos los puntos de contacto.

La transformación hacia modelos de negocio basados en suscripciones y servicios también está en aumento. Cada vez más empresas están cambiando de modelos de venta tradicionales a ofrecer servicios recurrentes y suscripciones, lo que proporciona ingresos recurrentes y fideliza a los clientes a largo plazo. Este modelo no solo garantiza un flujo constante de ingresos, sino que también permite a las empresas predecir y planificar mejor sus operaciones futuras.

La inteligencia artificial y el aprendizaje automático seguirán revolucionando diversos aspectos del negocio. Desde la automatización de procesos repetitivos hasta la mejora de la precisión en la toma de decisiones, estas tecnologías permiten a las empresas ser más eficientes y competitivas. Se espera que la IA continúe evolucionando y aplicándose en áreas como el servicio al cliente, la personalización de marketing y la optimización de la cadena de suministro.

En cuanto al comercio electrónico, su expansión y diversificación son inevitables. Con más consumidores optando por comprar en línea debido a su conveniencia y variedad de opciones, las empresas deben adaptarse ofreciendo experiencias de compra omnicanal integradas. Esto implica integrar plataformas de comercio electrónico con tiendas físicas, proporcionando opciones de entrega flexible y mejorando la experiencia del cliente en todos los puntos de contacto.

Por último, la ciberseguridad seguirá siendo una prioridad crítica para las empresas en un mundo digitalizado. Con el aumento de las amenazas cibernéticas y la recopilación masiva de datos, proteger la información sensible de clientes y empleados es fundamental. Las empresas deberán invertir en medidas de seguridad robustas, educar a su personal sobre prácticas seguras y mantenerse al día con las últimas amenazas y soluciones de ciberseguridad.

En resumen, estar al tanto de las tendencias emergentes y las predicciones en el mundo empresarial es esencial para mantenerse competitivo y preparado para el futuro. Al adoptar prácticas sostenibles, aprovechar la digitalización, personalizar la experiencia del cliente, explorar modelos de suscripción, utilizar inteligencia artificial, expandir el comercio electrónico y priorizar la ciberseguridad, las empresas pueden no solo sobrevivir, sino también prosperar en un entorno empresarial en constante cambio.

Amelia Page

Moderniza Tus Ventas Hoy

Bienvenidos a un viaje emocionante hacia la modernización de tus estrategias de ventas. Imagina tu negocio como un automóvil clásico: resistente y confiable, pero necesitando una actualización para competir en las autopistas modernas del mercado. Modernizar tus ventas es como instalar un motor más potente, sistemas de navegación avanzados y características de seguridad de última generación para impulsar tu éxito comercial hacia el futuro.

Primero, considera la importancia de la presencia digital. En el mundo actual, tus clientes están en línea, buscando productos y servicios desde sus dispositivos móviles y ordenadores. Tener una fuerte presencia en internet a través de un sitio web optimizado y presencia en redes sociales te permite llegar a un público más amplio, generar interés y facilitar el proceso de compra.

La adopción de tecnologías como CRM (Customer Relationship Management) es crucial. Este tipo de sistemas te ayuda a gestionar eficazmente las interacciones con los clientes, desde la captación hasta el servicio postventa. Te permite personalizar las comunicaciones, entender mejor las necesidades de tus clientes y construir relaciones más sólidas que conducen a mayores niveles de satisfacción y fidelización.

No olvides la importancia de la automatización. Automatizar tareas repetitivas como el seguimiento de clientes potenciales, el envío de correos electrónicos de seguimiento o la gestión de inventario no solo te libera tiempo, sino que también mejora la precisión y la eficiencia de tus operaciones. Esto te permite enfocarte en actividades de mayor valor que realmente impulsen las ventas y el crecimiento de tu negocio.

La analítica también juega un papel crucial. Recopilar y analizar datos sobre el comportamiento del cliente, las tendencias de ventas y el rendimiento de marketing te proporciona información valiosa para tomar decisiones informadas. Esta información te permite ajustar tus estrategias según sea necesario, identificar oportunidades de mejora y optimizar tus campañas de ventas para obtener mejores resultados.

La capacitación continua de tu equipo de ventas es fundamental. Mantenerlos actualizados con las últimas técnicas de ventas, habilidades de comunicación efectiva y conocimiento del producto les permite ofrecer un servicio excepcional al cliente. Un equipo bien capacitado no solo vende más, sino que también mejora la experiencia general del cliente, lo que lleva a una mayor satisfacción y lealtad.

Explora nuevas estrategias de marketing digital. Desde el SEO y la publicidad en redes sociales hasta el marketing de contenidos y el marketing de influencia, hay una variedad de herramientas y técnicas que pueden ayudarte a llegar a tu público objetivo de manera efectiva y generar demanda para tus productos o servicios.

No temas innovar y experimentar. Las empresas que están dispuestas a probar nuevas ideas, aprender de sus errores y adaptarse rápidamente a los cambios del mercado son las que prosperan. Mantente al tanto de las tendencias emergentes, escucha el feedback de tus clientes y sé flexible en tu enfoque para mantener tu negocio relevante y competitivo.

En resumen, modernizar tus ventas no se trata solo de adoptar tecnología avanzada, sino de transformar tu enfoque hacia uno más centrado en el cliente, eficiente y adaptable. Al aprovechar las herramientas digitales, automatizar procesos, analizar datos, capacitar a tu equipo y explorar nuevas estrategias de marketing, puedes posicionarte como un líder en tu industria y llevar tu negocio al siguiente nivel de éxito. Prepárate para el futuro hoy mismo y haz que tu negocio brille en el mercado competitivo de mañana.

Amelia Page

www.ingramcontent.com/pod-product-compliance
Lightning Source LLC
Chambersburg PA
CBHW071927210526
45479CB00002B/589